EXTRAIT DES REGISTRES
de la Faculté des droits de l'Université de Paris.

Nouveaux Reglemens arreſtez le treiziéme Aouſt 1679. pour le réta-
bliſſement des Etudes du Droit Canonique & Civil, dans la Faculté
de Paris, en execution des Lettres Patentes de ſa Majeſté du mois
d'Avril, & Arreſt du quinziéme Iuillet de ladite année.

I.

LES ſix Profeſſeurs commenceront tous les ans leurs Leçons en Droit Canon & Civil à la ſaint Martin preciſement, & finiront à la my-Aouſt.

II.

Ils entreront tous les jours, à la reſerve des Feſtes & des Jeudis, ils dicte-ront & expliqüeront pendant une heure entiere, & enſuite ils exerceront leurs Ecoliers par repetitions & diſputes, & en leur faiſant mettre les eſpeces des Loix & des Canons, avec les raiſons de douter & de decider, au moins pen-dant une demie-heure. Et en outre leur feront faire des exercices publics ſur des Theſes imprimées, le plus ſouvent qu'il ſe pourra, meſme dés la pre-miere année.

III.

Il y aura quatre Leçons chaque matinée, en deux ſalles differentes, deux dans chacune, depuis huit heures preciſes du matin juſqu'à onze.

IV.

Il y en aura deux autres dans l'une deſdites ſalles l'aprés-dînée, depuis une heure juſqu'à quatre, avant le premier Mars, & depuis deux juſqu'à cinq aprés le premier : l'autre ſalle demeurant pour les exercices publics, & pour les actes.

V.

L'un deſdits Profeſſeurs enſeignera chaque année pendant trois ans de ſui-te, les quatre livres des Inſtituts de Juſtinien, & expliquera les Rubriques du Digeſte, & des neuf premiers livres du Code, autant qu'il pourra.

VI.

Trois autres Profeſſeurs feront pendant trois ans une eſpece de Cours d'E-tude de Droit Civil, & en cetté maniere. Le premier expliquera dans cette eſpace de temps les quatre premieres parties du Digeſte, contenuës dans le Digeſte vieux, & au commencement de l'Infortiat. Le ſecond expliquera la cinquiéme partie & le commencement de la ſixiéme, contenuës dans le reſte de l'Infortiat, où ſont traitées les matieres des ſucceſſions Teſtamentaires,

C

& ab inteſtat, &c. Et le troiſiéme fera le reſte de la ſixiéme & la derniere partie, qui ſont dans le Digeſte nouveau. Ils s'attacheront aux matieres & loix principales, & marqueront avec ſoin le progrés & le changement du Droit ſur chaque matiere, en rapportant aux textes qu'ils traiteront ce qui regardera les meſmes matieres dans le Code & dans les Novelles.

V I I.

Deux deſdits Profeſſeurs enſeigneront les matieres Canoniques pendant trois années, en ſorte que l'un d'eux expliquera pendant les ſix premiers mois de chaque année les Inſtituts, Paratitles ou autres Generalitez du Droit Canon, avec le Concordat. Et le meſme expliquera dans le ſecond ſemeſtre quelque partie du Corps du Droit Canon : en ſorte que dans leſdites trois années les deux traitent enſemble les principales matieres contenuës dans les cinq livres des Decretales, y rapportant les textes du Decret, & des autres Collections.

V I I I.

Les Ecoliers qui étudieront actuellement en Philoſophie, ne pourront prendre les Leçons de Droit, ny en obtenir les Atteſtations.

I X.

Nul Ecolier ne pourra prendre de Degrez en une Faculté, qu'il n'y ait étudié au moins une année continuë. Et quand un Ecolier aura eſté refuſé ou remis à étudier, il ne pourra obtenir ſes Degrez en une Faculté, qu'en celle où il aura eſté refuſé ou differé, à peine de nullité.

X.

Les Ecoliers ne pourront ſupplier pour le Degré de Bachelier qu'aprés le quinziéme Avril de leur ſeconde année d'étude : & alors ils pourront demander des Examinateurs, un Preſident, & la matiere de leurs Theſes : en ſorte qu'il y ait toûjours ſix ſemaines au moins depuis le jour qu'ils auront ſupplié, juſques à celuy qu'ils ſoûtiendront leurs Theſes, leſquelles finiront au quinziéme Septembre de chaque année, & ne commenceront qu'aprés la ſaint Martin.

X I.

La meſme choſe ſera pratiquée pour la Theſe de Licence dans la troiſiéme année.

X I I.

Pour obtenir le Degré de Docteur l'on ſera tenu un an aprés la Licence, d'expliquer publiquement une matiere de Droit Civil ou Canonique, ou de ſoûtenir une Theſe ſur l'un & l'autre droit, excepté les Eccleſiaſtiques qui ne ſeront obligez de répondre qu'en Droit Canon, tant les Theſes de Baccalaureat, que celles de Licence & de Doctorat, & ceux de la R. P. R. qui ne ſeront tenus ny de prendre des Leçons, ny de ſoûtenir des matieres Canoniques.

X I I I.

Les Preſidences des Actes de Baccalaureat, de Licence & de Doctorat ſeront données par tour, le choix demeurant aux anciens ſuivant leur ordre ; en ſorte qu'aprés le premier, le ſecond aura le choix, & ainſi conſecutivement, juſques à ce que chacun ſoit remply. Et les jours pour ſoûtenir les Theſes ſeront reglez par l'ancienneté deſdits Profeſſeurs.

X I V.

Les Bacheliers ſeront obligez de diſputer aux Actes pendant l'année de Licence : & les Preſidens nommeront les Diſputans par tour.

X V.

Les Docteurs Regens & Aggregez, qui auront assisté aux Actes, donneront leur suffrage dans une boëte, qui sera placée à cet effet dans la salle de la
dispute, & qui sera ouverte en l'assemblée du Jeudy ensuivant, dans laquelle
les pretendans seront receus ou rejettez, à la pluralité des voix desdits Docteurs-Regens & Aggregez assistans. Et les avis & resultats pour l'admission ou
renvoy de ceux qui auront soûtenu les Theses, seront inscrits soigneusement
sur le Registre de la Faculté, & signez de tous les assistans.

X V I.

Pour examiner les pretendans aux Degrez de Baccalaureat & de Licence, il
sera nommé en l'assemblée des Jeudis trois Professeurs par tour, qui s'assembleront à cet effet dans la salle de l'Examen, aux jours & heures que le plus ancien
marquera : en sorte que les Examens soient faits exactement & sans differer par
trop ceux qui se presenteront pour les subir. Aprés chaque Examen, les Examinateurs donneront leur avis par écrit à la pluralité, pour obtenir la permission de faire la Thefe.

X V I I.

Les Religieux des Ordres & Maisons incorporées à l'Université de Paris,
pourront prendre des Degrez en ladite Faculté, sur les attestations du temps de
leur étude en Droit Canonique, signées des Lecteurs desdites maisons, pourvû
que lesdits Lecteurs soient Docteurs, sans toutefois qu'ils puissent recevoir à
leurs Leçons que les Religieux de leur Ordre.

X V I I I.

Pour l'execution de ce que dessus, il sera tenu tous les ans le jour de la saint
Jean Baptiste une Assemblée de tous les Professeurs & Aggregez, dans laquelle
on reglera aussi les matieres & la distribution, & departement des Leçons pour
l'année suivante, en conservant aux anciens le droit de choisir les matieres &
les heures, suivant l'ancien usage, & pour aviser à tout ce qui pourra avancer
les études de Droit, le bien & la discipline de la Faculté. Et seront les resultats
& reglemens faits dans ladite Assemblée redigez & écrits sur le Registre de la
Faculté, & visez tant par le Doyen d'honneur que le Doyen en charge.

Et par Arrest du Conseil d'Etat de sa Majesté du 26. Novembre 1680.
M. François de Launay Avocat en Parlement a esté nommé par le Roy à la
Chaire de Professeur en Droit François.

Maîtres Jean Bocager, Raymond Paucy, Jean du Gono, Claude Barriere,
Noël Piolin, Claude du Ru, Jean le Gendre, François Mongin, Gilles Bona-
mur, Vincent Collesson, Jacques Girard, & Claude Amyot, ont esté nommez
aussi par le Roy Docteurs Aggregez de la Faculté, & receus en cette qualité,
comme il est porté par l'acte de l'Assemblée du 28. Novembre 1680.

L'extrait cy-dessus a esté tiré des Registres de la Faculté de Droit Canonique &
Civil de l'Université de Paris, par moy soussigné Greffier de ladite Faculté, en pre-
sence de M. Jean Doujat, premier Docteur-Regent, & Professeur du Roy, Doyen
en Charge.

Signé, DOUJAT, *Premier Docteur-Regent & Professeur du Roy, Doyen*
en Charge.

VACHOT, *Greffier de la Faculté.*

Droits attribuez aux Professeurs de la Faculté de Paris, suivant le Reglement confirmé par l'Arrest du Conseil du 9. Aoust 1679.

LEs droits de la Faculté seront reglez, & à l'avenir suivant le Tableau qui demeurera exposé dans les Ecoles, sans que l'on puisse exiger ny recevoir plus grande somme, ainsi qu'il ensuit.

Pour les Attestations des deux années pour le degré de Bachelier, 6. livres.
Pour l'Examen de Baccalaureat, 16. livres.
Pour les Lettres de Bacheliers, 58. livres.
Pour l'attestation de l'année de Licence, 6. livres.
Pour l'Examen de Licence, 16. livres.
Pour les Lettres de Licence, 48. livres.
Pour les Lettres de Doctorat, 150. livres.

Droits attribuez aux Docteurs Aggregez par l'Arrest du Conseil d'Etat du 16. Novembre 1680.

Pour les deux Aggregez qui assisteront à chaque Examen, 4. livres.
Pour l'assistance des Docteurs Aggregez aux Actes, à partager entre les presens seulement, 12. livres.
Pour celuy qui presidera à l'Acte de Baccalaureat à son tour, 6. livres.

L'extrait cy-dessus a esté tiré des Registres de la Faculté de Droit Canonique & Civil de l'Vniversité de Paris, par moy soussigné Greffier de ladite Faculté, en presence de M. Jean Doujat, premier Docteur-Regent & Professeur du Roy, Doyen en Charge.

Signé, DOUJAT, *Premier Docteur-Regent & Professeur du Roy, Doyen en Charge.*

VACHOT, *Greffier de la Faculté.*

EXTRAIT DES REGISTRES
de l'Univerſité d'Orleans.

Nouveau Reglement pour l'Vniverſité d'Orleans, en execution de l'article trois de l'Edit du Roy du mois d'Avril 1679. pour le rétabliſſement des Etudes de Droit Canonique & Civil.

L'Ouverture des Leçons de Droit Canon & Civil, commencera tous les ans immediatement aprés la Touſſaints, & finira le 22. Juillet.

Les Docteurs entreront tous les jours, à la reſerve des Feſtes & des Jeudis. Ils dicteront une demie heure, expliqueront & exerceront les Ecoliers, en leur faiſant mettre les eſpeces des Loix & les raiſons de douter & decider, pendant une autre demie heure.

Les Docteurs conviendront entr'eux des matieres qu'ils auront à traiter, choiſiſſant parmy eux ceux qu'ils croiront les plus habiles en chaque matiere.

Il y a ſix Docteurs en l'Univerſité d'Orleans, dont trois enſeigneront les Digeſtes. Le premier fera les Leçons ſur le Digeſte vieux ; le ſecond ſur l'Infortiat ; le troiſiéme ſur le nouveau, y rapportant les Loix du Code & les Novelles, ſelon l'exigence de la matiere ; le quatriéme traitera du Code ; le cinquiéme expliquera le titre *de Verborum ſignificatione*, ou de *regulis Juris*. Enſorte que quand l'un de ces deux titres aura eſté lû pendant une année, on donnera l'explication de l'autre l'année ſuivante ; le ſixiéme enſeignera le Droit Canon.

Les Inſtituts ſeront entierement expliquez pendant le cours de chaque année. Et parce que c'eſt un ouvrage qui contient beaucoup de matieres, & que ces premiers élemens de Juriſprudence demandent une exacte interpretation, l'Inſtitutaire fera deux Leçons par jour, ſuivant l'uſage, depuis Paſques juſques à la fin des Ecoles.

Les Leçons commenceront à ſept heures du matin, & finiront à onze heures ; & celles d'aprés midy depuis une heure juſques à quatre heures pendant l'hiver, & en eſté elles ne finiront qu'à cinq heures.

Il ſera défendu de faire des repetitions pendant les Leçons publiques.

Les Ecoliers ſe comporteront avec modeſtie dans les Ecoles, & ne feront aucune action contraire au reſpect qu'ils doivent aux Profeſſeurs, à peine d'eſtre d'écheus des privileges de ſcolarité.

Ceux qui étudient en Philoſophie ne pourront s'immatriculer & prendre les Leçons & les degrez en Droit, à peine de nullité des degrez.

Les immatriculations ſe feront en preſence du Recteur qui en tiendra le regiſtre, & les extraits ſeront délivrez par le Greffier, de l'ordre du Recteur qui ſignera en l'extrait.

Les Religieux ſeront receus à prendre les degrez en ſubiſant l'examen,

D

pourvû qu'ils apportent des certificats des Lecteurs de leurs maisons, comme ils ont étudié le temps porté par ledit Edit, qui seront enregistrez au Greffe de l'Université.

Nul ne pourra presenter sa supplique afin d'avoir jour d'examen, plûtost que six semaines avant l'écheance du temps de deux années pour le Baccalaureat, & de trois années pour la licence.

Ceux qui auront supplié pour prendre leurs Degrez, seront obligez avant de soûtenir l'acte public pour y parvenir de subir un examen particulier devant le Recteur, avec un autre Docteur-Regent, nommé par la Faculté. Et si les postulans sont jugez avoir les dispositions requises pour soûtenir leur acte, la matiere des Theses leur sera donnée par les Examinateurs.

Le Recteur pendant les trois mois que dure son Rectorat, presidera à tous les Examens, & les Actes qui seront soûtenus pour les Promotions aux Degrez; lesquels actes se feront en la salle haute des Ecoles, qui est le lieu destiné pour les disputes & les promotions.

La matiere estant donnée à l'aspirant, il dressera ses Theses & les rapportera au Recteur dans le temps qui luy aura esté prescrit, afin qu'il examine s'il n'y a rien de contraire à la Religion, aux interests du Roy & aux Libertez de l'Eglise Gallicane. Et aprés qu'elles auront esté approuvées par le Recteur le jour de la dispute luy sera assigné.

Les Bacheliers seront tenus de disputer aux Actes pendant leur année de Licence, & le Recteur nommera par tour ceux qui devront disputer, ausquels le Recipiendaire portera des Theses.

Les Docteurs-Regens qui auront assisté aux Actes, donneront leurs suffrages dans une Boëte, qui sera placée sur une table dans la salle des Actes. Suivant lesquels les aspirans seront receus ou rejettez à la pluralité des voix. Et les resultats pour la demission ou renvoy de ceux qui auront soûtenu les Theses, seront écrits sur le Registre de la Faculté, & signez des assistans.

Les droits de la Faculté seront reglez & receus à l'avenir, suivant le Tableau qui demeurera exposé dans les Ecoles, sans que l'on puisse exiger ny recevoir plus grands & autres droits.

SCAVOIR,

Pour les Attestations des deux années, necessaires pour le degré de Bachelier,   6. livres.

Pour l'Examen du Baccalaureat,   16. livres.

Pour les Lettres de Bachelier,   58. livres.

Pour Attestation de l'année de Licence,   6. livres.

Pour l'Examen de la Licence,   16. livres.

Pour les Lettres de Licence,   48. livres.

Pour les Lettres de Doctorat,   100. livres.

Maistre Charles Goullu, Conseiller du Roy, Docteur-Regent en l'Université d'Orleans, a esté nommé par sa Majesté pour la Charge & Chaire de Professeur en Droit François de ladite Université, & l'exerce depuis un an.

Et Maîtres Antoine Picault, Pierre Daniel, François Regnard, Guillaume Fieffe, Michel Raymont, Jacques des Fournieux, Claude Garnier, Claude Chottart, Nicolas Bardin, Jean Duverger, François de Saint Mesmin, &

Pierre Broffier, tous Avocats en Parlement & Siege Prefidial d'Orleans, ont pareillement efté nommez par le Roy pour Docteurs Aggregez.

L'extrait cy deffus a efté tiré des Regiftres de ladite Univerfité, par moy Jean Sougy, Scribe d'icelle, en prefence de Meffire Jacques de Lalande, Confeiller du Roy, Docteur-Regent, Doyen & Recteur en ladite Vniverfité, lequel a figné & fait appofer le Sceau de ladite Vniverfité. Fait à Orleans le vingt-quatriéme Juin 1682. Signé, DE LALANDE, Recteur.

SOUGY, Scribe.

EXTRAIT DES REGISTRES
des Facultez des droits de l'Univerfité de Bourges.

Nouveau Reglement pour lefdites Facultez, en execution de l'article troi- fiéme de l'Edit du mois d'Avril 1 6 7 9. pour le rétabliffement des Etudes de Droit Canonique & Civil.

I.

LEs quatre Profeffeurs commenceront tous les ans leurs Leçons en Droit Canon & Civil à la faint Martin precifement, & les finiront à la my-Août. Et pour ofter aux Ecoliers tout pretexte de fe retirer avant ledit temps, ne fe- ront données vacances aux Philofophes qu'au quinziéme Aouft.

I I.

Ils entreront tous les jours à la referve des Feftes & des Jeudis. Ils dicte- ront & expliqueront pendant une heure entiere, & enfuite ils exerceront leurs Ecoliers par repetitions & difputes, & en leur faifant mettre les efpeces des Loix & des Canons, avec la raifon de douter & de decider, au moins pendant une demy heure; & outre leur feront faire des exercices publics fur des Thefes imprimées le plus fouvent qu'il fe pourra, mefme la premiere année. Et que ceux des Ecoliers qui feront avertis par les Profeffeurs pour repeter & difputer feront tenus de leur obeïr, à peine d'eftre declarez incapables d'obtenir leurs Degrez.

III.

Il y aura deux Leçons chaque matinée dans la falle publique defdites Ecoles, depuis huit heures precifes du matin jufqu'à onze.

I V.

Il y en aura auffi deux autres dans la mefme falle, depuis une heure juf- qu'à quatre, avant le premier jour de Mars, & depuis deux heures jufqu'à cinq aprés le premier jour de Mars. Et afin de ne point interrompre l'ordre des lectures, les Actes & exercices publics fe feront les Jeudis tout le jour, & les Mercredis & Samedis aprés la derniere Leçon de l'aprés-dînée, ainfi qu'il s'eft pratiqué.

V.

Un des quatre Profeſſeurs chaque année, tour à tour, enſeignera les Inſtituts, & donnera une connoiſſance generale de tout le Droit, en marquant les
livres & titres du Code & du Digeſte, où il eſt parlé des matieres & queſtions
qui ſe traitent dans les Inſtituts, enſemble celles qui y ont du rapport, & qui
y ont eſté obmiſes.

V I.

Deux des Profeſſeurs enſeigneront, ſçavoir, l'un les principaux titres du
Code, & dont les matieres ſont les plus uſitées en les expliquant loy par loy.
Et l'autre Docteur enſeignera le Digeſte avec la meſme methode. Ce qui a toû-
jours eſté obſervé dans l'Univerſité de Bourges.

V I I.

Le quatriéme Profeſſeur expliquera le Droit Canon, ce qu'il peut aiſément
faire dans le cours des trois ans accomplis, & leſdits Profeſſeurs le feront tour
à tour.

V I I I.

Les Ecoliers qui étudieront actuellement en Philoſophie, ne pourront prendre les Leçons de Droit, ny en obtenir les atteſtations. Et pour en éviter les
fraudes le Doyen de la Faculté des Arts donnera tous les ans à celuy de la Faculté
des droits, un état & catalogue des Ecoliers étudians en Philoſophie.

I X.

Nul Ecolier ne pourra prendre des Degrez en une Faculté, qu'il n'y ait étudié au moins une année continuë, obſervant toûjours l'Interſtiſte d'un an, entre le Baccalaureat & la Licence. Et quand un Ecolier aura eſté refuſé ou remis
à étudier, il ne pourra obtenir ſes Degrez en une autre qu'en celle où il aura
eſté differé ou refuſé, à peine de nullité. Et à cet effet que leurs noms ſeront
envoyez dans les Univerſitez, & à Noſſeigneurs les Procureurs generaux de ſa
Majeſté.

X.

Les Ecoliers ne pourront ſupplier pour le degré de Bachelier, qu'aprés le
quinziéme Avril de la ſeconde année, & alors ils pourront demander des Examinateurs, un Preſident & la matiere de leurs Theſes, en ſorte qu'il y ait
toûjours ſix ſemaines au moins depuis le jour qu'ils auront ſupplié, juſqu'à
celuy qu'ils ſoûtiendront leurs Theſes, leſquelles finiront au quinziéme Septembre de chacune année, & ne recommenceront qu'à la ſaint Martin.

X I.

La meſme choſe ſera pratiquée pour la Theſe de Licence dans la troiſiéme
année.

X I I.

Pour obtenir le degré de Docteur on ſera tenu un an aprés la Licence d'expliquer publiquement une matiere de Droit Civil & Canonique, & de ſoûtenir
une Theſe ſur l'un & l'autre Droit, excepté les Eccleſiaſtiques qui pourront
ſoûtenir ſeulement en Droit Canon, tant les Theſes de Baccalaureat que celles
de Licence & de Doctorat, pourvû qu'ils ne veüillent eſtre Officiers Royaux.
Car en ce cas ils ne pourront eſtre receus que ſur des Licences & des Theſes,
ſoûtenuës en l'un & l'autre Droit. Excepté auſſi ceux de la R. P. R. qui ne ſeront tenus ny de prendre des Leçons, ny de ſoûtenir des matieres Canoniques.

X I I I.

Les Preſidences des actes de Baccalaureat, de Licence & de Doctorat, ſeront
données par tour, le choix demeurant aux anciens ſuivant leur ordre ; en ſorte
qu'aprés

qu'aprés le premier, le fecond aura le choix, & ainfi confecutivement jufqu'à
ce que chacun foit remply, & les jours pour foûtenir les Thefes feront reglez
par l'ancienneté des Prefidens.

XIV.

Les Bacheliers feront obligez de difputer aux Actes pendant l'année de Licence : & les Prefidens nommeront les Difputans par tour.

XV.

Les quatre Docteurs-Regens qui doivent affifter aux Actes, donneront leurs
fuffrages dans une boëte, qui fera placée à cet effet dans la falle de la difpute,
& qui fera ouverte en l'affemblée du Jeudy enfuivant, dans laquelle les afpirans feront receus ou rejettez, à la pluralité des voix defdits Docteurs-Regens.
Et les avis & refultats pour l'admiffion ou renvoy de ceux qui auront foûtenu
des Thefes, feront infcrits foigneufement fur le Regiftre de la Faculté, &
fignez de tous les Docteurs.

XVI.

Les quatre Docteurs-Regens s'affembleront au jour & heure que le plus ancien marquera dans le lieu de l'Examen, ainfi qu'il a toûjours efté pratiqué
dans ladite Univerfité de Bourges : en forte que les Examens foient faits exactement & fans differer par trop ceux qui fe prefenteront. Aprés chaque Examen
les Examinateurs donneront leurs avis par écrit à la pluralité des voix, pour
obtenir la permiffion de faire la Thefe.

XVII.

Les Religieux des Ordres & Maifons incorporées à l'Univerfité de Bourges,
pourront prendre des Degrez en ladite Faculté, fur les atteftations du temps de
leurs études en Droit Canonique, fignées des Lecteurs fous lefquels ils auront
étudié, foit de leurs Profeffeurs de Paris, foit de ceux des autres Maifons de leurs
Ordres, qui font partie de l'Univerfité des lieux où ils font, pourvû que lefdits
Lecteurs foient Docteurs, fans toutefois qu'ils puiffent recevoir que les Religieux de leur Ordre à leurs Leçons.

XVIII.

Ceux qui enfeigneront le Droit hors de ladite Univerfité publiquement ou
en particulier, feront affignez à la diligence du Procureur du Roy, pardevant
le Lieutenant general, Confervateur des Privileges Royaux d'icelle, pour eftre
condamnez aux peines portées par l'article cinquiéme de l'Edit de fa Majefté.

XIX.

Les Profeffeurs qui enfeigneront le Droit dans un autre lieu que dans les Ecoles, feront declarez décheus de la Regence.

XX.

Il fera fait défenfes aux Ecoliers de faire aucune affemblée, fous pretexte de
diftinction de nations, d'en nommer des Prieurs, de porter l'épée, principa-
lement aux Ecoles ; & les contrevenans feront punis par les voyes & les peines
établies contre le port d'armes & les affemblées illicites. Et outre ils ne pourront eftre receus aux Degrez en aucune Univerfité, & qu'à cet effet leurs noms
y feront envoyez comme de ceux qui feront jugez incapables.

XXI.

Les Etrangers feront receus aux Degrez en fatisfaifant à toutes les claufes
portées par les Reglemens, à la referve feulement du temps d'étude.

E

XXII.

Et pour l'execution de tout ce que dessus, il sera tenu tous les ans une Assemblée le jour de saint Jean-Baptiste, de tous les Professeurs, dans laquelle on reglera aussi les matieres & la distribution, & departement des Leçons pour l'année suivante, en conservant aux anciens le droit de choisir les matieres & les heures, suivant l'ancien usage, à la reserve de ce qu'ils seront tenus d'enseigner tour à tour, suivant les articles cy-dessus; & pour aviser à tout ce qui pourra avancer les études de Droit, le bien & la discipline de la Faculté. Et seront les resultats & reglemens faits dans ladite Assemblée redigez & inscrits sur le Registre de laFaculté, & visez par le Doyen.

XXIII.

Jusques à ce que les gages qui ont esté donnez par les Duchesses de Berry, pour l'entretien de tous les Professeurs, leur soient payez par le rétablissement d'une partie des deniers d'octroy, ou autrement les droits de la Faculté seront reglez & receus à l'avenir, suivant le Tableau qui sera exposé dans les Ecoles, sur le pied qu'il a esté pratiqué jusqu'à present dans ladite Faculté, pour les Degrez qui y ont esté donnez, & sans que l'on puisse exiger ny recevoir plus grands ny autres droits.

SCAVOIR,

Pour l'Attestation des deux années, necessaires pour le degré de Bachelier, 6. livres.

Pour l'Examen de Baccalaureat,	16. livres.
Pour les Lettres de Bachelier,	48. livres.
Pour l'Attestation de l'année de Licence,	6. livres.
Pour l'Examen de la Licence,	16. livres.
Pour les Lettres de Licence,	48. livres.
Pour les Lettres de Doctorat,	130. livres.

M. Pierre Delachappelle Conseiller du Roy, Doyen, Docteur-Regent és Facultez des droits de l'Université de Bourges, a esté nommé par le Roy pour la Charge & Chaire de Professeur en Droit François de ladite Faculté.

Et Maîtres Labbé de Champgrand, Conseiller Honoraire au Baillage & Siege Presidial de Bourges, Pierre Petit Doyen des Conseillers du mesme Presidial, Gaïlot de Priou, aussi Conseiller Honoraire,

Perrotin de Barmond, cy-devant Lieutenant Particulier au Baillage d'Issoudun, Gilles Augier, Henry le Clerc, Gaspard Thaumas de la Thaumassiere, & François de Beauvoir Avocats audit Baillage & Siege Presidial, ont pareillement esté nommez par le Roy pour Docteurs Aggregez.

L'extrait cy-dessus a esté tiré des Registres de ladite Faculté, par moy Jean Sallé Avocat en Parlement, Scribe de ladite Vniversité, en presence dudit sieur Delachappelle, lequel a signé avec moy le Samedy quatriéme Juillet 1682.

Signé, P. DELACHAPPELLE.

SALLE', *Scribe.*

EXTRAIT DES REGISTRES
de la Faculté de Droit de l'Université d'Angers.

Nouveau Reglement pour la Faculté en execution de l'article troisiéme de l'Edit du mois d'Avril 1679. pour le rétablissement des Etudes de Droit Canonique & Civil.

L'Ouverture des Ecoles de Droit Civil & Canon, se fera le premier Mardy d'aprés la feste de Toussaints, par une Harangue solennelle que les Professeurs feront tour à tour, où assisteront tous les Corps de la Ville. Et le Lundy suivant tous les Professeurs commenceront leurs Leçons.

II. Les Professeurs entreront tous les jours à la reserve des Festes, des Jeudis & des vacations portées par les Statuts de l'Université. Ils dicteront & expliqueront pendant une heure entiere, & ensuite ils exerceront leurs Ecoliers par repetitions & disputes, & en leur faisant mettre les especes des Loix & des Canons, avec les raisons de douter & de decider, au moins pendant une demie heure; & leur feront faire en outre des exercices publics sur des Theses imprimées le plus souvent qu'il se pourra.

III. Il y aura tous les jours quatre Leçons dans la salle desdites Ecoles, deux depuis huit heures du matin jusques à onze, & les deux autres depuis une heure aprés midy jusques à quatre.

IV. Un des Professeurs enseignera chaque année pendant trois ans de suite, les quatre livres des Instituts de Justinien, & expliquera les Rubriques des Digestes, & des neuf premiers livres du Code, autant qu'il se pourra.

V. Les trois autres feront pendant lesdites trois années une espece de Cours & d'Etude de Droit Civil & Canonique en cette maniere. L'un expliquera dans cette espace de temps les quatre premieres parties du Digeste, contenuës dans le Digeste vieux, & dans l'Infortiat.

L'autre expliquera la cinquiéme contenuë dans le reste de l'Infortiat, où sont traitées les matieres Testamentaires, *& ab intestat, &c.* Et les deux dernieres parties qui sont dans le Digeste nouveau. Ils s'attacheront aux matieres & loix principales, & marqueront avec soin le progrés & le changement du Droit sur chaque matiere, en rapportant aux textes qu'ils traiteront ce qui regarde les mesmes matieres dans le Code & dans les Novelles.

Et l'autre expliquera les matieres Canoniques pendant trois années, & expliquera pendant les six premiers mois de chaque année les Instituts, Para-titres, ou autres Generalitez du Droit Canon avec le Concordat. Et dans le second semestre quelque partie du Corps du Droit Canon : en sorte que dans lesdites trois années il traite les principales matieres contenuës dans les cinq livres des Decretales, y rapportant les textes du Decret, & autres Collections.

VI. Un Ecolier qui étudiera actuellement en Philosophie, ne pourra prendre les Leçons de Droit, ny en obtenir les Attestations.

VII. Il ne pourra non plus prendre les Degrez en une Faculté, qu'il n'y ait étudié au moins une année continuë. Et quand il aura esté refusé ou remis à étudier, il ne pourra obtenir ses Degrez en une autre Faculté, qu'en celle où il aura esté refusé ou differé.

VIII. Les Ecoliers ne pourront supplier pour le Degré de Bachelier qu'a-prés le quinziéme Avril de leur seconde année d'étude : alors ils pourront demander des Examinateurs, un President, & la matiere de leurs Theses : il y aura toûjours six semaines au moins depuis le jour qu'ils auront supplié, jusques à celuy qu'ils soûtiendront leurs Theses.

IX. La mesme chose se pratiquera pour la These de Licence dans la troisiéme année.

X. Ceux qui voudront obtenir le Degré de Docteur seront tenus un an aprés la Licence, d'expliquer publiquement une matiere de Droit Civil & Canonique, & soûtenir une These sur l'un & sur l'autre Droit, excepté les Ecclesiastiques qui pourront soûtenir seulement en Droit Canon, tant les Theses de Baccalaureat, que celles de Licence & de Doctorat. Excepté aussi ceux de la R. P. R. qui ne seront tenus ny de prendre des Leçons, ny de soûtenir des matieres Canoniques.

XI. Les Presidences des Actes de Baccalaureat, de Licence & de Doctorat seront données par tour, le choix demeurant aux anciens suivant leur ordre ; en sorte qu'aprés le premier, le second aura le choix, & ainsi consecutivement, jusques à ce que chacun soit remply. Et les jours pour soûtenir les Theses seront reglez par l'ancienneté des Presidens.

XII. Les Bacheliers seront obligez de disputer aux Actes pendant l'année de Licence, & les Presidens nommeront les disputans par tour.

XIII. Les Docteurs-Regens & Aggregez qui auront assisté aux Actes, donneront leurs suffrages dans une Boëte, qui sera placée à cet effet dans la salle de la dispute, & qui sera ouverte dans l'Assemblée du Jeudy ensuivant, dans laquelle les aspirans seront receus ou rejettez à la pluralité des voix desdits Docteurs-Regens & Aggregez assistans, & les avis & resultats pour la demission ou renvoy de ceux qui auront soûtenu les Theses, seront inserez soigneusement sur les Registres de la Faculté, & signez de tous les assistans.

XIV. Pour examiner les pretendans au degré de Baccalaureat, il sera nommé deux ou trois Professeurs par tour, qui s'assembleront à cet effet aux jours & heures que le plus ancien marquera dans la salle de l'Examen, en sorte que les Examens soient faits exactement & sans differer par trop de temps ceux qui s'y presenteront. Aprés chaque Examen les Examinateurs donneront leurs avis par écrit à la pluralité, pour obtenir la permission de faire la These.

XV. Les Religieux des Ordres incorporez à l'Université, pourront prendre des Degrez en ladite Faculté, sur les Attestations du temps de leurs Etudes en Droit Canonique, signées des Lecteurs desdites Communautez, pourvû que lesdits Lecteurs soient Docteurs : sans toutesfois qu'ils puissent recevoir à leurs Leçons que les Religieux de leurs Ordres.

XVI. Pour l'execution de ce que dessus, il sera tenu annuellement une assemblée le jour de saint Jean, de tous les Professeurs & Aggregez, dans laquelle on reglera aussi les matieres, la distribution & département des Leçons pour l'année suivante, en conservant aux anciens le droit de choisir les matieres

&

& les heures ſuivant l'ancien uſage , & pour aviſer à tout ce qui pourra avancer les Etudes de Droit , le bien & la diſcipline de la Faculté , & ſeront les reſultats & reglemens faits dans ladite aſſemblée redigez & inſcrits ſur le Regiſtre
de la Faculté , & viſez tant par le Doyen d'honneur que le Doyen en Charge.

XVII. Les droits de la Faculté ſeront reglez & receus à l'avenir , ſuivant
le Tableau qui demeurera expoſé dans les Ecoles , ſans que l'on puiſſe exiger
ny recevoir plus grands ou autres droits.

SCAVOIR,

Pour les Atteſtations des deux années pour le degré de Bachelier,   6. livres.
Pour l'Examen de Baccalaureat,   16. livres.
Pour les Lettres de Bachelier,   58. livres.
Pour l'atteſtation de l'année de la Licence,   6. livres.
Pour l'Examen de la Licence,   16. livres.
Pour les Lettres de Licence,   48. livres.
Pour les Lettres de Doctorat,   150. livres.

Autre Reglement.

La moitié des droits qui doivent eſtre reçus pour les degrez de Baccalaureat
& de Licence , ſera diſtribuée également , & partagée pour chacune des matri-
cules ou inſcriptions qui doivent eſtre faites ſur les Regiſtres deſdites Facultez,
pendant les trois années d'Etude ordonnées par ledit Edit. Et en conſequence
du payement qui ſera fait par tous les Ecoliers pour chacune des inſcriptions ſur
leſdits Regiſtres, pareille ſomme leur ſera déduite , moitié ſur les droits du
degré de Bachelier, & moitié ſur les droits du degré de Licentié, lors qu'ils
prendront leſdits Degrez.

Les droits pour le Baccalaureat & la Licence , montent ſuivant le reglement cy - deſſus , à cent cinquante livres, dont la moitié devant eſtre payée
en douze parties égales, pour les douze inſcriptions qui doivent ſe faire pendant
les trois années d'Étude. C'eſt pour chaque inſcription ſix livres cinq ſols.

M. Jean Verdier Conſeiller Honoraire au Preſidial d'Angers, a eſté nommé
par le Roy pour la Charge & Chaire de Profeſſeur en Droit François de ladite
Faculté.

Et Maîtres René Ganches Conſeiller au Siege de la Prevôté d'Angers, Flo-
rent Jameray , Guillaume Ceſbron, Pierre Daburon , Charles Janneaux, Jo-
ſeph le Bloy , Jean de la Saulaye Guinoyſeau Avocats au Siege Preſidial d'Angers & Claude Voyſin Docteur en Droit & Avocat au Parlement, ont pareillement eſté nommez par le Roy pour Docteurs Aggregez, tous leſquels ont eſté
reçus & inſtalez , & preſté ſerment le troiſiéme Juin 1681.

*L'extrait cy-deſſus a eſté tiré des Regiſtres de ladite Faculté, par moy ſouſſi-
gné Docteur, Profeſſeur & Secretaire de ladite Faculté des droits de l'Vniverſité
d'Angers, en preſence de M Claude Voyſin, Doyen de ladite Faculté, lequel a
ſigné avec nous le trentiéme jour de Juin 1681. Signé, C. VOYSIN, Doyen.*
    LEZINEAU, *Docteur, Profeſſeur & Secretaire de la Faculté des droits
      de l'Vniverſité d'Angers.*

EXTRAIT DES REGISTRES
de la Faculté de Droit de l'Université de Reims.

Nouveau Reglement pour la Faculté, en execution de l'article troifiéme de l'Edit du mois d'Avril 1679. pour le rétabliffement des Etudes de Droit Canonique & Civil.

I.

LES Profeffeurs de l'Univerfité de Reims, qui font au nombre de trois quant à prefent, commenceront tous les ans l'ouverture de leurs Leçons par une Oraifon publique, conformément à la Declaration du Roy, & aux Statuts de leur Faculté, le premier Lundy d'aprés la Touffaints, à une heure aprés midy, & finiront au premier d'Aouft, qui eft le temps auquel les Facultez inferieurs & la Philofophie ceffent leurs Leçons.

I I.

Ils entreront tous les jours, à la referve des Feftes & des Jeudis, diéteront & expliqueront durant une heure entiere, exerceront leurs Ecoliers par repetitions & difputes, fur les matieres qu'ils leur enfeigneront, leur feront mettre les efpeces des Loix & des Canons, avec les raifons de douter & decider, au moins pendant une demie-heure. Et leur feront faire des exercices publics fur des Thefes imprimées, & mefme dés la premiere année.

I I I.

La Faculté de Droit de l'Univerfité de Reims n'a qu'une petite falle, qui ne peut fe divifer en deux parties, dans laquelle neanmoins feront faites deux Leçons par jour. L'une à dix heures du matin, & l'autre à une heure aprés midy. De forte que les trois Profeffeurs feront dix Leçons par femaine, dont le Doyen en fera deux, attendu fon ancien âge ; & les deux autres Profeffeurs quatre chacun.

I V.

L'un des Profeffeurs de la Faculté enfeignera pendant les trois années fixées par la Declaration du Roy, pour parvenir au degré de Licence, les quatre livres des Inftituts de Juftinien, & expliquera les Rubriques du Digefte, & des neuf premiers Livres du Code autant qu'il fe pourra.

V.

Les deux autres Profeffeurs enfeigneront alternativement, fçavoir l'un quelque partie du Droit Canon tirée des cinq livres des Decretales, & l'autre un Traitté du Droit Civil ; s'appliqueront fuivant l'article quatre de la Declaration de fa Majefté, à faire lire & entendre par leurs Ecoliers les textes du Droit Civil & Canonique, & rapporteront autant qu'il fe pourra aux textes qu'ils traitteront ce qui regardera les matieres dans le Code & dans les Novelles ou dans le texte du Decret.

VI.

Et au surplus se conformeront sous le bon plaisir de sa Majesté aux Statuts de leur Faculté confirmez par l'Arrest de la Cour du seiziéme May 1661. homologuez & regiftrez au Greffe de la Cour du Baillage de Vermandois & de la confervation des Privileges Royaux de l'Univerfité de Reims.

VII.

Les Ecoliers qui entreront actuellement en Logique, ne pourront prendre les leçons de Droit ny en obtenir les atteftations.

VIII.

Nul Ecolier ne pourra prendre degré en ladite Faculté, qu'il n'ait étudié au moins une année continuë, & quand un Ecolier aura efté refufé ou remis à étudier, il ne pourra obtenir fes degrez en autre Faculté qu'en celle où il aura efté refufé ou differé, en peine de nullité.

IX.

Les Ecoliers ne pourront fupplier pour le degré de Bachelier, qu'aprés le 1. Avril de leur feconde année d'étude, & alors ils pourront demander des Examinateurs & la matiere de leurs Thefes. Il y aura toûjours fix femaines depuis le jour qu'ils auront fupplié jufqu'à celuy qu'ils foûtiendront leurs Thefes, lefquelles finiront au premier Septembre, & ne recommenceront qu'au premier de Novembre fuivant ; la mefme chofe fera pratiquée pour la Thefe de Licence.

X.

Celuy qui afpirera au degré de Docteur, fera tenu un an aprés fa Licence d'expliquer publiquement une matiere du Droit Civil & Canonique, & foûtenir une Thefe fur l'un & l'autre Droit, excepté les Ecclefiaftiques qui pourront foûtenir feulement en Droit Canon, tant les Thefes de Baccalaureat que celles de Licence & de Doctorat, excepté auffi ceux de la R. P. R. qui ne feront tenus prendre des Leçons, ny foûtenir des matieres Canoniques.

XI.

Les Prefidences des actes de Baccalaureat, Licence & de Doctorat, feront données par tour, le choix demeurant aux anciens felon leur ordre ; en forte qu'aprés le premier, le fecond aura le choix, ainfi confecutivement jufques à ce que chacun foit accomply. Et les jours pour foûtenir les Thefes feront reglez par l'ancienneté des Prefidens.

XII.

Les Bacheliers feront obligez de difputer aux Actes pendant l'année de Licence, & les Prefidens nommeront les difputans par tour.

XIII.

Les Docteurs-Regens & Aggregez, qui auront affifté aux Actes, donneront leurs fuffrages dans une boëte, qui fera placée à cet effet dans la falle de la difpute, & qui fera ouverte en l'affemblée du Jeudy fuivant, dans laquelle les afpirans feront receus ou rejettez à la pluralité des voix defdits Docteurs-Regens & Aggregez affiftans, & les avis & refultats pour l'admiffion ou renvoy de ceux qui auront foûtenu les Thefes, feront infcrits foigneufement fur le Regiftre de la Faculté, & figné de tous les affiftans.

XIV.

Pour examiner les afpirans au degré de Baccalaureat & de Licence, il fera nommé en l'affemblée des Jeudis deux Profeffeurs par tour, qui s'affembleront à cet effet au jour & heure que le plus ancien marquera dans la Salle de l'Examen, en sorte que les examens seront faits exactement & sans differer par trop. Ceux qui se presenteront après chaque examen, les Examinateurs donneront leurs avis par écrit à la pluralité des voix, pour obtenir la permission de faire la Thèse.

X V.

Les Religieux des Ordres & Maisons incorporées à l'Université de Reims, pourront prendre des Degrez en ladite Faculté, sur les Attestations du temps de leurs Etudes en Droit Canonique, signées des Lecteurs desdites Maisons, pourvû que lesdits Lecteurs soient Docteurs, sans toutefois qu'ils puissent recevoir à leurs Leçons que les Religieux de leur Ordre.

X V I.

Pour l'execution de ce que dessus, il sera tenu une assemblée le jour de saint Jean-Baptiste de tous les Professeurs & Aggregez, dans laquelle on reglera aussi les affaires, la distribution & département des Leçons pour l'année suivante; en conservant aux anciens le droit de choisir les matieres & les heures, suivant l'ancien usage, & aviser à tout ce qui pourra avancer les Etudes du Droit, le bien & la discipline de la Faculté. Seront les resultats & reglemens faits dans ladite assemblée, redigez & inscrits sur les Registres de la Faculté, & visez tant par le Doyen d'honneur que par le Doyen en Charge.

X V I I.

Les droits de la Faculté seront reglez & reçûs à l'avenir suivant le tableau qui demeurera exposé dans les Ecoles, sans que l'on puisse exiger ou recevoir plus grands ou autres droits.

S C A V O I R,

Pour les attestations des deux années necessaires pour le degré de Bachelier, 6. livres.

Pour l'examen du Baccalaureat, 16. livres.

Pour les Lettres de Bachelier, 58. livres.

Pour l'attestation de l'année de Licence, 6. livres.

Pour l'examen de la Licence, 16. livres.

Pour les Lettres de Licence, 48. livres.

Pour les Lettres de Doctorat, 150. livres.

Maistre Michel Coutant Avocat en Parlement, & l'un desdits Professeurs, a esté nommé par le Roy pour la Charge & Chaire de Professeur en Droit François de ladite Faculté.

Et Maîtres Michel Clovet, Nicolas le Frique, Jean André, & Antoine Oudinet, ont pareillement esté nommez par le Roy pour Docteurs Aggregez.

L'extrait cy dessus a esté tiré des Registres de ladite Université, par moy soussigné Greffier & grand Bedeau de ladite Faculté, en presence de M. Rober Auger à present Doyen de la Faculté, lequel a signé avec moy ce jourd'huy trentième Juin 1682. Signé, AUGER, Doyen. REGNARD.

EXTRAIT

EXTRAIT DES REGISTRES
de la Faculté de Droit de l'Université de Poitiers.

Nouveau Reglement pour la Faculté en execution de l'article troisiéme de l'Edit du mois d'Avril 1 6· 7 9· pour le rétablissement des Etudes de Droit Canonique & Civil.

LA Faculté du Droit Canonique & Civil est composé de quatre Docteurs-Regens, sçavoir, de Monſ. Jean Filleau Doyen de ladite Faculté, qui enseigne depuis quarante-huit ans ; de Maître Jean Leroy Soudoyen, qui a enseigné depuis trente-huit ans ; Maître Jean Vineau, qui a enseigné depuis vingt-trois ans ; & de Maître Claude Gautier, qui a enseigné depuis vingt-deux ans ; Ils ont chacun cinq cens livres de gages, dont un quart a esté retranché, & ils ne touchent que trois cent soixante & quinze livres par an.

Il y a un cinquiéme Professeur Royal, qui n'est étably que pour enseigner les Instituts de Justinien, qui n'est point du Corps du College des Docteurs-Regens, n'entre point dans leurs assemblées, & n'a point de part aux émolumens des Licences, il se nomme Alexandre Stracan, il enseigne depuis.

Et est presentement l'un des quatre Docteurs-Regens és Droits Canonique & Civil par la mort de Jean Vineau ; & le sieur Bernardeau a esté élu en sa place de Institutaire, il a six cens livres de gages, dont un quart est retranché, & ne touche que quatre cens cinquante livres de gages.

Les quatre Docteurs commenceront tous les ans leurs Leçons à la saint Martin, aprés l'ouverture du Presidial, suivant l'ancien usage ; & ils ne les finiront que le quatorziéme du mois d'Aoust.

Ils entreront tous les jours à la reserve des Festes & des Jeudis. Ils dicteront & expliqueront pendant une heure entiere, & ensuite ils exerceront leurs Ecoliers par repetitions & disputes, en leurs faisant mettre les especes des Loix & Canons, avec les raisons de douter & decider, au moins pendant une demie heure. Et de plus tous les Samedis ils feront faire à leurs Ecoliers des exercices publics sur des Theses imprimées, ou écrites à la main, le plus souvent qu'il se pourra. Ce qui sera pratiqué pareillement par le Docteur-Regent Institutaire.

La premiere Leçon se fera le matin à sept heures & demie jusques à neuf. La seconde depuis neuf jusques à dix & demie. Et la troisiéme depuis dix & demie jusques à midy avant le premier Mars ; & depuis le premier Mars les Leçons commenceront & finiront une demie heure plûtost. Le Docteur-Regent institutaire fera sa Leçon depuis une heure aprés midy jusques à deux & demie avant le premier Mars, & depuis le premier Mars il commencera & finira ses Leçons une demie heure plûtost. L'autre des Docteurs-Regens commencera sa Leçon immediatement aprés que l'Institutaire aura achevé la sienne, conformément à l'usage.

Un des Professeurs enseignera pendant trois ans les matieres Canoniques de

G

chaque année. Pendant les premiers six mois il expliquera la Generalité du Droit Canon & le Concordat , & dans le reste de l'année il enseignera quelque partie du corps du Droit Canon , en sorte que dans les trois années il traite les princi-pales matieres contenuës dans les cinq livres des Decretales , y rapportant les textes du Decret & les autres Collections.

Trois autres Professeurs feront pendant lesdites trois années une espece de Cours d'Etude de Droit Civil en cette maniere. Le premier expliquera dans cette espace de temps les quatre premieres parties du Digeste, contenuës dans le Digeste vieux , jusques au commencement de l'Infortiat. Le second expli-quera la cinquiéme partie contenuë dans le reste de l'Infortiat, où sont traitez les matieres des successions Testamentaires *& ab intestat*. Et le troisiéme fera les deux dernieres parties qui sont dans le Digeste nouveau. Ils s'attache-ront aux matieres & loix principales , & marqueront avec soin le progrés & changement sur chaque matiere, en rapportant au texte qu'ils traiteront, & qui regardera les mesmes matieres tant dans le Code que dans les Novelles.

Les Ecoliers qui étudieront actuellement en Philosophie , ne pourront pren-dre les Leçons de Droit , ny en obtenir les Attestations.

Quand un Ecolier aura esté refusé ou remis à étudier , il ne pourra obtenir les Degrez en une autre Faculté qu'en celle où il aura esté refusé ou differé , à peine de nullité.

Les Ecoliers ne pourront supplier pour le degré de Bachelier qu'aprés le quin-ziéme Avril de leur seconde année d'Etude , & alors ils pourront demander des Examinateurs, un President & la matiere de leurs Theses, en sorte qu'il y ait toûjours six semaines au moins depuis le jour qu'ils auront supplié , jusques à ce-luy qu'ils soûtiendront leurs Theses , lesquels finiront au quinziéme Septembre de chaque année, & ne commenceront qu'à la saint Martin.

La mesme chose sera pratiquée pour la These de Licence en la troisiéme année.

Pour obtenir le degré de Docteur, l'on sera tenu un an aprés la Licence d'ex-pliquer publiquement une matiere du Droit Civil & Canonique, & de soûtenir une These sur l'un & l'autre Droit , excepté les Ecclesiastiques qui pourront soû-tenir seulement en Droit Canon, tant les Theses de Baccalaureat que celles de Licences & de Doctorat ; excepté aussi ceux de la R. P. R. qui ne seront tenus ny de prendre des Leçons , ny de soûtenir des matieres Canoniques.

Et comme depuis l'Arrest rendu au Parlement de Paris le 18. Avril 1661. re-gistré au Siege Presidial de Poitiers , qui prescrit une grande partie des mesmes formalitez, portée par la mesme Declaration du Roy, les Docteurs de ladite Faculté de Poitiers ont toûjours observé ce qui est porté par ledit Arrest ; & ils n'ont donné des Degrez qu'à ceux qui estoient immatriculés , & qui avoient soûtenu publiquement des Theses, avec l'attestation d'Etude portée par ledit Arrest, & qu'il y a plusieurs Ecoliers de ceux qui se sont immatriculez depuis ledit Arrest , qui n'ont point encore obtenu leurs Degrez , & qui se presentent maintenant pour subir l'Examen, & prendre leurs Degrez. Les années d'Etude qu'ils ont fait, & dont ils ont leurs attestations leurs pourront servir pour obte-nir leurs Degrez.

Les Bacheliers seront obligez de disputer aux Actes pendant l'année de Licen-ce, & les Presidens nommeront les disputans par tour, au defaut de Bacheliers, on pourra nommer des Etudians en Droit.

Les Docteurs-Regens qui auront affiſté aux Actes, donneront leurs ſuffra-
ges dans une boëte, qui ſera placée à cet effet dans la ſalle de la diſpute, &
qui ſera ouverte en l'aſſemblée du Jeudy enſuivant, dans laquelle les aſpirans
ſeront receus ou rejettez, à la pluralité des voix deſdits Docteurs-Regens. Et
les avis & reſultats pour l'admiſſion ou renvoy de ceux qui auront ſoûtenu
les Theſes, ſeront inſcrits ſoigneuſement ſur le Regiſtre de la Faculté, &
ſignez de tous les aſſiſtans.

Pour examiner les pretendans au degré de Baccalaureat, il ſera nommé
deux ou trois Profeſſeurs par tour, qui s'aſſembleront à cet effet aux jours
& heures que le plus ancien marquera dans l'Examen qui ſe fera dans la ſalle ;
en ſorte que les Examens ſoient faits exactement & ſans differer par trop de
temps ceux qui s'y preſentent. Aprés chaque Examen les Examinateurs donneront leurs avis par écrit à la pluralité, pour obtenir la permiſſion de faire la
Theſe.

Les Religieux des Ordres incorporez à l'Univerſité, pourront prendre des
Degrez en ladite Faculté, ſur les Atteſtations du temps de leurs Etudes en
Droit Canonique, ſignées des Lecteurs deſdites Communautez, pourvû que
leſdits Lecteurs ſoient Docteurs : ſans toutesfois qu'ils puiſſent recevoir à leurs
Leçons que les Religieux de leurs Ordres.

Pour l'execution de ce que deſſus, il ſera tenu tous les ans le jour de ſaint
Jean Baptiſte, une aſſemblée de tous les Profeſſeurs, dans laquelle on reglera auſſi les matieres, la diſtribution & département des Leçons pour l'année
ſuivante, en conſervant aux anciens le droit de choiſir les matieres & les heures
ſuivant leur uſage, & pour aviſer à tout ce qui pourra avancer les Etudes de
Droit, le bien & la diſcipline de la Faculté. Et ſeront les reſultats & reglemens faits dans ladite Aſſemblée, redigez & inſcrits ſur le Regiſtre de la Faculté, & viſez par le Doyen.

Les Ecoliers qui étudieront dans l'Univerſité de Poitiers, prendront dans
la premiere de leurs trois années d'étude des Atteſtations du Profeſſeur qui en-
ſeigne les Inſtituts ; & cette année là ils ne ſeront obligez de prendre des Leçons que d'un autre Profeſſeur, pour ſatisfaire à la Declaration de ſa Majeſté.

Les droits de la Faculté ſeront reglez & receus à l'avenir, ſuivant le Tableau
qui ſera expoſé dans les Ecoles, ſans que l'on puiſſe exiger ny recevoir plus
grands ny autres droits.

SCAVOIR,

Pour les douze Atteſtations neceſſaires pour les trois années. Pour l'Examen
de Baccalaureat. Pour la Lettre de Bachelier. Pour l'Examen de la Licence,
& pour leſdites Lettres de Licence, tant pour les Docteurs qu'Officiers de
l'Univerſité & menus frais, la ſomme de cent cinquante livres.

De laquelle ſomme il y aura pour les quatre Atteſtations de l'Inſtitutaire par
luy données, pour la premiere année d'étude, ſix livres.

Pour le droit de Chancelier de l'Univerſité, trois livres quatre ſols.

Pour celuy de Lieutenant general, deux livres.

Pour celuy du Scribe, tant pour les ſalaires que pour les frais du parchemin,
boëte & rubans douze livres.

Pour les Bedeaux, cinq livres.

Et le parſus de ladite ſomme de cent cinquante livres, ſera partagée en quatre parties égales, entre les quatre Docteurs.

Et ſa Majeſté voulant donner moyen auſdits Profeſſeurs de recevoir des émolumens de leur Chaire plus promptement & plus commodement, ayant ordon-
né par Arreſt du vingt-troiſiéme Mars dernier, que la moitié des droits qui doivent eſtre receus pour les degrez de Baccalaureat & de Licence dans chacune
deſdites Facultez, ſuivant le Reglement & le Tableau, ſeront diſtribuez également, & partagez pour chacune matricule ou inſcription qui doivent eſtre
faites ſur les Regiſtres deſdites Facultez, pendant leſdites trois années d'étude
ordonnées par l'Edit du mois d'Avril 1679. Et qu'en conſequence du payement
qui ſera fait par tous les Ecoliers pour chacune deſdites inſcriptions ſur leſdits
Regiſtres, pareille ſomme leur ſera déduite, moitié ſur les droits de degré de
Bachelier, & moitié ſur les droits du degré de Licentié lors qu'ils prendront les
Degrez.

Les droits pour le Baccalaureat & la Licence, ſe montant ſuivant le Reglement cy-deſſus, à cent cinquante livres; dont la moitié devant eſtre payée en
douze parties égales pour les douze inſcriptions qui ſe doivent faire pour leſdites
années d'étude, ſuivant ledit Arreſt du Conſeil du 23. Mars dernier, c'eſt pour
chaque inſcription ſix livres cinq ſols.

Fait & arreſté à Poitiers le 15. jour de Juillet 1680. Et ainſi ſigné J. Filleau
Doyen de la Faculté des Droits, Leroy Soudoyen, Vineau, Gaultier, & Alexandre Stracan.

*L'extrait cy-deſſus a eſté tiré des Regiſtres de la Faculté des Droits Canoni-
que & Civil de l'Vniverſité de Poitiers, par moy ſouſſigné Greffier de ladite Vniverſité, en preſence de nous Docteurs-Regens és Droits le ſieur Gaultier abſent,
en foy dequoy nous avons ſouſſigné, & fait appoſer le Sceau. Ce dernier jour de
Juin 1682.* Signé, J. FILLEAU, *Doyen.* LEROY. A. STRACAN.
T O U S S A I N T S, *Greffier de la Faculté des Droits Canonique & Civil de
l'Vniverſité de Poitiers.*